作者
怡辰老師的悄悄話

　　我的人生就是因為臺中市西區圖書館而有了改變，因閱讀而獲得救贖，因教育擺脫了弱勢、活出天命。在那個圖書館中，總有我從沒讀過的書；我乘著書頁，飛到了不曾去過的地方旅行，也讓我知道——只要善用書，就能改變人生。

　　英國傑出兒童文學作家羅德‧達爾（Roald Dahl）的知名少年小說《瑪蒂達》裡，也是圖書館改變了瑪蒂達的人生。圖書館中有位慈祥的老婆婆，細心告訴瑪蒂達哪兒有適合她的書、怎麼辦理借書證把書借回家。圖書館員就像一把鑰匙，打開了驚奇圖書館的奇幻世界，讓書進到瑪蒂達的人生裡。

　　但是，如果圖書館裡沒有這樣的圖書館員呢？

　　所以我一直很想寫這樣一本書，可以帶著孩子知道怎麼找到一本喜歡的書、用書籍解決生活中的問題，甚至成為領域專家、學會選擇資訊，並且進一步運用知識解決問題、專題式探究、跨域整合的接地實作。這些在 AI 的時代裡，更是極重要的基本能力。

　　也因為先前沒有太多此主題的出版品，更因圖文整合的困難重重，因此在構思創作過程中花了相當多心血與時間。最感謝全國圖書教師輔導團的相關課程培訓，讓我有機會實地看見推動圖書館教育課程對孩子的重要性；親子編輯的嘔心瀝血互相討論、耐心等候和不離不棄；畫家 Mori 三木森繪製的可愛圖畫，成為極大力的支援；因為有眾人的協助，才得以完成這本獻給孩子的知識圖文書。

　　希望書中內容能幫助更多孩子愛上圖書館、學會運用書籍和資訊，藉此改善生活並習得自學能力，用所學讓自己和周遭的人幸福。

致謝圖書教育先進們的智慧結晶，
使此書得以成形與臻於完善。

知識繪本館

小學生的調查任務

發現驚奇圖書館

作者｜林怡辰　繪者｜Mori 三木森
責任編輯｜張玉蓉　美術設計｜陳宛昀　行銷企劃｜李佳樺

天下雜誌群創辦人｜殷允芃　董事長兼執行長｜何琦瑜
媒體暨產品事業群
總經理｜游玉雪　副總經理｜林彥傑　總編輯｜林欣靜
行銷總監｜林育菁　主編｜楊琇珊　版權主任｜何晨瑋、黃微真

出版者｜親子天下股份有限公司　地址｜台北市 104 建國北路一段 96 號 4 樓
電話｜（02）2509-2800　傳真｜（02）2509-2462
網址｜ www.parenting.com.tw
讀者服務專線｜（02）2662-0332　週一～週五：09:00~17:30
讀者服務傳真｜（02）2662-6048　客服信箱｜ parenting@cw.com.tw
法律顧問｜台英國際商務法律事務所・羅明通律師
製版印刷｜中原造像股份有限公司
總經銷｜大和圖書有限公司　電話：（02）8990-2588
出版日期｜2023 年 5 月第一版第一次印行
2024 年 9 月第一版第七次印行

定價｜500 元　書號｜BKKKC240P
ISBN｜978-626-305-469-1（精裝）

──────── 訂購服務 ────────
親子天下 Shopping｜ shopping.parenting.com.tw
海外・大量訂購｜ parenting@cw.com.tw
書香花園｜台北市建國北路二段 6 巷 11 號
電話｜（02）2506-1635
劃撥帳號｜ 50331356　親子天下股份有限公司

立即購買 >

國家圖書館出版品預行編目(CIP)資料

小學生的調查任務：發現驚奇圖書
館 / 林怡辰文；Mori 三木森圖 . -- 第
一版 . -- 臺北市：親子天下股份有限
公司 , 2023.05
108 面；21.5x26.3 公分
國語注音
ISBN 978-626-305-469-1(精裝)
1.CST: 圖書館 2.CST: 圖書館利用教
育 3.CST: 通俗作品
023　　　　　　112004791

小學生的調查任務

發現
驚奇圖書館

文 / 林怡辰　圖 / Mori三木森

目錄

Chapter 1
桌上的一本書

終於到新學校了！

今天是開學第一天。
這是小莉的新學校。

先來認識書的每個部位！

書的結構

書背
放在書架上可以馬上看見書名、作者、繪者、出版社。

封面
有書名、作者、繪者、封面圖畫等資訊。

折口
分前、後折口，經常放有作者簡介、相關推薦書籍。

書腰
有宣傳文案和活動資訊。

＊ ISBN 國際標準書號就是書的身分證。

封底
有內容簡介和 ISBN 國際標準書號。

版權頁
書籍的出生證明，也有 ISBN 國際標準書號和書的許多重要訊息。

書名頁
標示書名、作者等資料，在封面脫落或無法辨識時，可以看這頁來修復。

蝴蝶頁／扉頁
連接封面和書籍內頁。而繪本的蝴蝶頁，常常會有小圖案和內容有關，可以仔細看喔！

又依不同的封面製作方式，分為「平裝書」和「精裝書」。精裝書的書封，比較厚，較不易損壞。

7

找一找左頁的圖書館中，哪些行為不恰當？並連上對的敘述。

另外拿別的小卡片當書籤，避免傷到書的折口。

不能將喜歡的頁面撕走。可以先在頁面貼標籤，再拍照或影印作為紀錄。

圖書館內不能吃東西，以免弄髒書頁。

在圖書館中不奔跑嬉鬧，避免撞到書櫃。

說話不要太大聲，以免影響其他人閱讀。

亂丟書會傷害到書，別人也會找不到。不知道放在哪裡時，可以交給圖書館老師。

服務櫃臺

借書區

借書來我這裡！

還書區

還書來我這裡！

辦證區

辦理借書證來這裡！

圖書館裡有志工媽媽，會幫讀者辦理借還書、整理書、把新書貼上條碼，也會舉辦書展、說故事等活動。

選好書再帶著借書證到櫃臺給志工媽媽刷條碼，就可以帶回家了喔！

如果怕忘記還書，還可以在書後的借閱小卡上蓋印章，提醒自己還書日期。

志工媽媽

借書流程

刷條碼是為了讓電腦記得誰借了書。還書的時候，也要刷條碼告訴電腦，你已經還書了。

❶ 拿著要借的書和借書證到櫃臺。

❷ 櫃臺人員會掃描書籍條碼。

❸ 再次確認有沒有拿錯想借的書。

❹ 查看還書日期並在借閱小卡蓋上日期。

❺ 帶著愉快的心情離開圖書館。

自助設備

自助借書機

紫外線消毒機

現在也有自助借書的機器可以用喔！

另外，帶書回家前，能用紫外線消毒機把書照過一遍，去除在書上面的病菌。

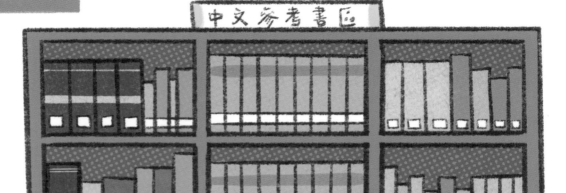

有一些比較深入或專業的知識，就可以查詢工具書，像是辭典、年鑑、地圖集、百科全書等。要注意：有些工具書不能外借，這時你只能將需要的頁面影印下來喔！

辭海　專用字典　新編國語字典　人體百科全書　世界百科全書　中華百科全書1

Chapter 3
圖書資源的分類方式

想一一想,如果圖書館有一萬本書,但都隨便放,那要找其中一本書時,該怎麼辦呢?

哇,很難找吧?

我知道，一開始就應該要把同類型的書放在一起，像是把恐龍的放一堆、植物的放一堆。

小莉說的沒錯，這樣叫做「分類法」。圖書館館員會將書分類擺放，分類方式有很多種，像是「杜威分類法」。

HOUSE OF BOOK

認識臺灣圖書館 慣用分類法

那臺灣的圖書館，怎麼分類這麼多的書呢？

臺灣通常使用「中文圖書分類法」，是從總類、哲學、宗教等，一類一類往下分。

000 總類
橫跨許多類別，包含人類所有知識。

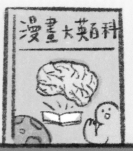

100 哲學類
研究人類的思想、思辨等。

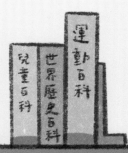

200 宗教類
人類的各種信仰。

300 科學類
包含自然現象與純粹理論，如數學、天文、生物、地球科學等。

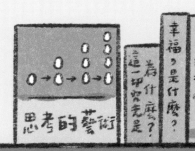

400 應用科學類

運用科學原理來改善生活。

500 社會科學類

研究人類社會生活的現象，如教育等。

600 史地類：中國史地

研究中國古今歷史和地理。

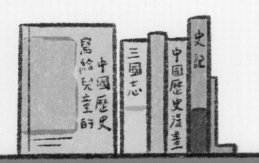

700 史地類：世界史地

研究世界各國歷史和地理。

800 語言文學類

人類語言和文學，如故事、小說等。

900 藝術類

包含音樂、美術、遊戲和休閒。

我們能用一個故事來記憶……

0

地球剛形成時，天地都還沒有形成，無法被歸類的，叫做「總類」。

1

漸漸的，人類開始思考「我是誰？我現在在哪，想去哪裡？什麼叫做成功？什麼叫做幸福？」像這樣的思想、道理，就是「哲學」。

9

最後，想要找一些娛樂，像是唱歌、跳舞、繪圖、藝術、下棋等，就是「藝術類」。

8

好多故事需要被記錄，或是研究語文，就是「語言文學類」。

6 7

後來研究中國古今歷史和地理，是「中國史地」。

開始拓展到世界的歷史和地理，就是「世界史地」。

② 天地間有許多現象，人類卻無法解釋而產生敬畏，所以有了「宗教」。

③ 自然中有許多現象，研究這些的就是「科學」。

④ 人類越來越厲害，運用研究的結果，來讓生活更美好，就是「應用科學」。

⑤ 有許多人的地方，就形成「社會」，需要規範來促進秩序。

記憶順口溜

0 呀 0	零零總總是總類
1 呀 1	一思一想是哲學
2 呀 2	神佛信仰是宗教
3 呀 3	物理化學真科學
4 呀 4	科學應用實在妙
5 呀 5	我交朋友是社會
6 呀 6	六朝古都在中國
7 呀 7	七大奇景世界遊
8 呀 8	才高八斗是文學
9 呀 9	音樂藝術最長久

這裡也有大家普遍拿來記憶的口訣喔！

我發現每本書上都有下面這種標籤。

這個標籤叫「索書號」。
上頭的數字都各有意涵喔！

冊次號
這本書是這套書裡的第 7 本。

副本號
同一座圖書館中有 2 本一模一樣的書。

360
4744
v.7 c.2

分類號
依照圖書內容給予一組中文圖書分類法的號碼。

作者號
依照作者的姓名給一個號碼。

細探分類號

中文圖書分類法將圖書分成 10 大類，每大類會再細分小類。

總類	**哲學類**	**宗教類**	**科學類**
000 特藏	100 哲學總論	200 宗教總論	300 科學總論
010 目錄學；文獻學	110 思想；學術	210 宗教學	310 數學
020 圖書資訊學；檔案學	120 中國哲學	220 佛教	320 天文學
030 國學	130 東方哲學	230 道教	330 物理學
040 普通類書；普通百科全書	140 西洋哲學	240 基督教	340 化學
050 連續性出版品；期刊	150 邏輯學	250 伊斯蘭教	350 地球科學；地質學
060 普通會社；博物館學	160 形上學	260 猶太教	360 生物科學
070 普通論叢	170 心理學	270 其他宗教	370 植物學
080 普通叢書	180 美學	280 神話	380 動物學
090 群經	190 倫理學	290 術數；迷信	390 人類學

那索書號中間的「作者號」又是什麼？

如果你很喜歡某個作者，就可以用作者號找他所有的作品來看喔！

我知道！上次我讀到《一年級鮮事多》很好笑，同學說這個作者還有寫其他本，我就可以用他的名字去查，對嗎？

對，用作者號或在電腦裡輸入作者名字「王淑芬」，就可以查到同系列的其他本書，例如《三年級花樣多》、《四年級煩惱多》等。也能查到這個作者的其他作品，例如《君偉的誤會報告》、《君偉的怪奇報告》等。這樣就可以把同作者的作品一次看個過癮喔！

國小圖書館網站搜尋引擎示意

＊以上舉例用書，皆為親子天下出版。

應用科學類

400 應用科學總論	450 礦冶
410 醫藥	460 化學工程
420 家政	470 製造
430 農業	480 商業：各種營業
440 工程	490 商業：經營學

社會科學類

500 社會科學總論	550 經濟
510 統計	560 財政
520 教育	570 政治
530 禮俗	580 法律
540 社會學	590 軍事

史地類

600 史地總論	**世界史地**
中國史地	710 世界史地
610 中國通史	720 海洋志
620 中國斷代史	730 亞洲史地
630 中國文化史	740 歐洲史地
640 中國外交史	750 美洲史地
650 中國史料	760 非洲史地
660 中國地理	770 大洋洲史地
670 中國地方志	780 傳記
680 中國地理類志	790 文物考古
690 中國遊記	

語言文學類

800 語言學總論
810 文學總論
820 中國文學
830 中國文學總集
840 中國文學別集
850 中國各種文學
860 東方文學
870 西洋文學
880 其他各國文學
890 新聞學

藝術類

900 藝術總論
910 音樂
920 建築藝術
930 雕塑
940 繪畫；書法
950 攝影；電腦藝術
960 應用美術
970 技藝
980 戲劇
990 遊藝及休閒活動

人類文明發展越多，就會出現更多類別。熟悉分類就能更快找到喜歡的書，像是小勇喜歡恐龍，可以去分類號350找更多很棒的書來看。

有的學校圖書館還有英文書籍或影音媒體，像是音樂CD、電影DVD。不過因為資料屬性不一樣，就會用其他的分類方式。

太棒了，這些都可以借嗎？

有些規定在圖書館內使用，有些則可以借回家。
好好熟悉學校圖書館，你就會發現有許多資源可以運用！

有些圖書館有額外的設施，可以在圖書館裡觀賞借閱的視聽媒體。

連連看，將左右兩邊相關的連起來。

- 故事、語文、詩
- 宗教和信仰
- 世界歷史和地理
- 無法被歸類
- 人類利用科學讓生活更好
- 中國歷史和地理
- 人類思想和價值
- 人類社會的規範
- 遊戲和唱歌
- 地球科學

中欄：
- 應用科學類
- 宗教類
- 中國史地
- 語言文學類
- 哲學類
- 藝術類
- 世界史地
- 科學類
- 社會科學類
- 總類

右欄：
- 《佛教》《基督教》
- 《電鍋食譜》《急救常識》
- 《我，是什麼呢？》
- 《中國歷史》
- 《佐羅力》《神奇樹屋》
- 《貓科動物》《昆蟲記》
- 《藝術與我》《摺紙大全》
- 《百科全書》
- 《世界歷史》《偉人傳記》
- 《阿美族豐年祭》《法律與生活》

- 練習從分類號的表格找出一個你喜歡的類別，再到圖書館看看那個分類都有什麼樣的書。
- 先找一些你喜歡的書，看看分類號，都是屬於什麼類別？再去到同一個分類的櫃子前，找出其他你有興趣的書。

Chapter 4

怎麼找到喜歡的書？

圖書館是有很多書，但我沒那麼愛看書。

對啊……

不喜歡看書也沒關係，先從了解自己的興趣開始。

你喜歡運動嗎？例如棒球、籃球、躲避球、田徑、登山、游泳、跳舞、直排輪……

唔……

還是喜歡創作？像是繪畫、手作、雕塑、做木工……

或是你喜歡音樂、烹飪、養寵物？

世界上有各式各樣的主題可以去探索。

依照自己有興趣的領域，找出相對應的書籍，來滿足你的好奇和問題。

我喜歡恐龍，想挖恐龍化石，但沒有這樣的書吧？

有啊！分類號 790 就有考古的書，或是分類號 350 也有很多相關的書籍。

你可以先挑簡單的來讀。

喔！

我喜歡畫畫，有教怎麼成為漫畫家的書嗎？

有啊！你可以先看看你喜歡什麼樣的風格，找基本技巧的書來看。

你還能找漫畫家的故事來讀，可以知道成為漫畫家需要什麼條件。

可以運用前面說到的分類號、關鍵字*、作者號，直接從書櫃中找書，也可運用電腦查詢。

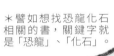

＊譬如想找恐龍化石相關的書，關鍵字就是「恐龍」、「化石」。

大家看這個畫面。在館藏查詢的欄位，輸入你想找的關鍵字。

像是小莉可以打「漫畫」一詞；而小勇可以打「恐龍」和「化石」，兩個詞中間要留空格。

查詢時，關鍵字下得越短，查到的資料就越多。

館藏查詢

請輸入關鍵字

搜書籍　搜書箱

例如「化石」查到的資料就會比「恐龍化石」多，因為「化石」包括所有化石種類，像是菊石、三葉蟲的化石都包含在裡面。但用「恐龍化石」去搜尋，書名裡一定要有「恐龍化石」這四個字連在一起，才能被查詢出來。

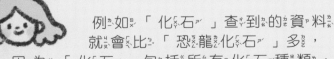

化石　恐龍化石　恐龍

原來是這樣查啊！

另外也能用其他相關的關鍵字來找書，像是跟化石有關的關鍵字還有：考古、古生物、地質學等，都可以輸入看看。

老師，我之前有看過一本恐龍的書，我很喜歡，不知道還有沒有類似的？

如果已經有喜歡的書，我們就能「以書找書」。

什麼是「以書找書」？

1 喜歡的書所在的書櫃，就是同類別的書。可以從同個書櫃中再挖掘其他本相關的書來看。

4 這本書的作者有沒有寫其他類似的書？

2 觀察喜歡的書，折口或最末頁中有沒有同類書的推薦。

5 同一個出版社還有出版同類型的書嗎？

3 查看喜歡的書有沒有前後的集數？

用上面幾個問題來搜尋，通常就能找出很多很多的書了！

小勇跟著格子問的問題，填下答案並找到更多喜歡的書了！ 你也一起來填填看吧！

	小勇	你呢？
對什麼有興趣？	恐龍，喜歡讀《達克比辦案 7：末日恐龍王》	
在哪個分類？	300 科學類	
電腦查詢的關鍵字	恐龍、演化、化石	
有其他集數嗎？	很多集數，有一整套	
同出版社有無其他類似的書？	有，譬如《世界恐龍發現地圖》	
喜歡的書作繪者是誰？ 他們還有創作其他的書嗎？	1.胡妙芬、彭永成、柯智元 2.《暴龍時光機》、《腕龍溜滑梯》	
列出同學或老師推薦的相關書籍，或到網路上查詢。	《三疊紀恐龍圖鑑大百科》	

Chapter 5
如果圖書館沒有相關的書

學校圖書館裡有很多書耶！

對啊，這是一件很幸福的事喔！以前的學校圖書館，書籍可沒這麼多呢！

不過，假日學校圖書館沒有開，怎麼辦？

你可以運用數位資源。各縣市都有電子書庫可以運用，裡面有電子書、電子雜誌等。老師來教你們怎麼使用吧！

要借閱數位資源，首先要申請數位借閱證。

那需要跑去縣市圖書館申請嗎？

不需要喔！通常只要線上辦證就可以使用。可以在電腦上借閱，或在平板、手機等行動載具上都可以看。

哇！

不同縣市都有各自的數位借閱證申請流程，若不清楚可以打電話詢問館員喔！

如果你以前申請過縣市圖書館的一般圖書借閱證，通常就能借閱該圖書館的數位資源，不用另外再跑申請流程了。

好耶，我申請好了！

接著，老師來教你們怎麼使用電子書。電子書和一般圖書一樣，可以閱讀和查詢自己想知道的資料。

進入電子書網站之後，點選「登入」的入口鍵，接著輸入剛才申請好的「借閱證號」和「密碼」來登入系統。

再來，能看見電子書有許多類別，可以選一個喜歡的類別進去探索。當然，也可以直接在查詢列輸入關鍵字：「化石、恐龍」，都可以找到很多喜歡的書。

找到喜歡的書後，點書封進入，再點「借閱」，就可以在電腦上閱讀了喔！

有時你想借的書被借走了，這時候就點「預約」，接下來就等系統通知你何時可以借閱。

借閱已滿，目前3人預約
預約

這真是太方便了！老師，你剛剛說這些電子書也可以在平板或手機上閱讀囉？

沒錯！不過，想用這些行動載具來閱讀，必須先下載行動載具App，再使用剛剛老師所說的步驟——登入帳號和密碼後，一樣可以借電子書來看。

使用電腦或平板來看電子書時，記得要保持適當距離，才能保護視力。

電子書有許多好處，不但可以隨身攜帶多本書、還能快速查詢、節省紙張等；但也有缺點，像是容易傷害視力、載具比較昂貴、無法任意借書給朋友等，有好處也有壞處。我們可以善用電子書的優點，來補足紙本書的不足。

欸，你不要這麼近看啦！

34

除了電子書以外，也有電子雜誌可以借閱。雜誌裡頭的資訊比起書籍即時。像是「AI」這個主題如果做成書，等出版時資訊都過時了，這時候就很適合用雜誌呈現。另外也有英文、日文、西班牙文等各種語言學習雜誌，有的還搭配音檔。任何主題的雜誌都有喔！

只要找到你想看的雜誌封面點進去並往下滑，就會看見過刊，這些也都可以借閱喔！

太棒了！這麼多電子書和電子雜誌，我要截圖印出來賣給同學，這樣就可以賺一筆錢！

不行啦！你這樣是盜版！

小莉說得沒錯。像書籍、音樂、畫作、商標、發明專利、網站設計、軟體等，都是專業人士花很多心血和時間來製作，所以它們都受「著作財產權」保護喔！

所以不能隨便亂影印發給其他人，或是上傳到網路上。

對，像是報導、評論、教學研究等正當目的要合理使用時，需獲得對方的同意，還要註明出處。不然大家的作品都不受到尊重，以後我們就沒有好作品可以閱讀觀賞了！

所以自己可以觀看、參考，但不能公開上傳或是複製。

那我知道了，我趕快跟同學介紹，請他們來使用數位資源就好了啊！

除了找書、看電子資料，還可以在網際網路中搜尋喔！

書籍、雜誌、電子書庫、百科全書等資訊，是經過編輯、審核，正確性比較高。而使用網際網路來查詢資料，比較方便、資訊量也多，不過要留意資料來源是否真實、正確。

情境舉例

生活課老師希望我們選一種食物，調查看看它是不是米製品。除了可以問家人、問賣這項東西的老闆或看包裝上的成分表外，也能上網查查看。

要用網路查詢，首先要打開瀏覽器，輸入關鍵字。

1 輸入  米製品、米食、米製加工品

輸入其中一個關鍵字，可能會找到：爆米香、飯糰、壽司、油飯、粽子、米粩、糯米腸、豬血糕、臘八粥、米漢堡、筒仔米糕等結果。

除了一般網頁以外，我們還可以在搜尋結果的頁面最上頭，按圖片、新聞、影片、地圖等分頁。

像是看圖片可以更了解米製品的外觀，看新聞可以知道米製品相關的新消息，看影片則能知道米製品的製作流程，地圖則呈現販售米製品的商店或米製品加工廠的位置。

每個類別都可以點點看，不同類型的搜尋方式，呈現結果也不同呢！

2 輸入 米製品 點心

輸入兩個關鍵字中間多了一個空白鍵時，就可以縮小範圍，找出網頁裡有米製品、點心這些內容的結果。

3 輸入 "米製品點心"

旁邊加上兩個雙引號，那麼網頁只會出現「米製品點心」的搜尋結果。

4 輸入 米製品－點心

中間加上減號，會出現米製品中「不包括點心」的結果。

Chapter 6

老師說要查資料，該怎麼做？

社會課要調查地名的由來

社會老師要大家回家查自己居住地的地名由來，但我不知道怎麼查……

探索自己居住地的地名

我的居住地是

我的居住地名由來是因為

可以到圖書館網站使用關鍵字來查書，像是輸入「地名」、「彰化縣地名」。

地名

彰化縣 地名

小莉說得對。學校校刊和地方政府出版品，也都能查到資料。如果真的找不到，再到各縣市鄉鎮公所的網站，也都有資料喔！

原來不同資料要用不一樣的查詢方式啊！

地方地名可以查地方圖書館、鄉鎮公所網站、校刊，一般資訊可以查書籍。

若是想找具系統性的資料，則一定要查書才能找到完整答案。比較新的資訊能查看雜誌或網路，但網路查詢要注意資料來源是否正確。

查資料不一定一次就成功，所以要多嘗試，每種都試試看。幾回後，查資料就會越來越厲害！

自然老師說要查植物的用途

今天有一項功課我不會。

可以查書啊！

自然習作要找植物使用的用途，要查什麼書？

先回想學過的分類號，譬如總類、科學類，可能有能參考的書。另外，也可以在圖書館網站或上搜尋引擎輸入關鍵字來查詢，例如「植物」、「植物　用途」、「植物　根莖葉」，輸入不同關鍵字並加上空格，會有不同的結果。

找出書後先讀目次，大概了解書籍的內容，看看這本書適不適合？最後去掉不適合的書，留下適合的書籍。也可以找圖鑑或百科全書，資料會比較全面。

另外在搜尋時，還會找到一些特別書名，譬如輸入「植物」，可能會找到一本叫《神奇植物吹泡泡》*的書。這類的特別書名，裡頭的資訊通常會很不一樣，像這本書就有提到植物「無患子」可以拿來清洗、吹泡泡，是不是很有趣呢？

＊【科學不思議】系列4，親子天下出版

國語老師說要寫小日記

我實在不知道今天日記可以寫什麼，該怎麼辦？

圖書館老師不是說過「書中有寶藏」。小日記應該是 800 語言文學類，我們去找找看！

關鍵字/日記

登錄號/書目名稱/作者

00016767
中學生經濟生活觀察日記
00016729
真吐嘈！小學生快樂生活日記
00016475
未來的日記

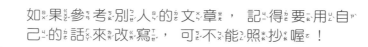

果然有很多教我們怎麼寫小日記的書，像這本提供好多點子、那本有教寫作方法，而這裡還有很多其他同學的作品……太好了，我想到我要寫什麼和怎麼寫了！

如果參考別人的文章，記得要用自己的話來改寫，可不能照抄喔！

好，我知道，書真的是「不會說話的老師」，只要懂得運用，不管遇到什麼難題，都難不倒我了！

實作篇

請寫出一篇有趣的小日記。跟著左頁小莉與小勇的對話，找出自己想要參考的三本書，並利用這三本書的內容資訊，合併成自己想寫的內容。

小勇選了三本書

《丁小飛校園日記 1》（親子天下出版）
《陳安如老師的小學生寫日記技巧課》（小五南出版）
《快快樂樂學修辭》（螢火蟲出版）

小勇的思考過程

1 看《丁小飛校園日記 1》，原來可以寫三十年後的日記，好有趣。

內容在這本書的第 4 頁

---

2 老師說我每次都只會說「好快樂」、「非常快樂」、「超級快樂」。讀《陳安如老師的小學生寫日記技巧課》，我發現原來寫快樂還可以有不一樣的說法。

內容在這本書的第 147 頁

---

3 最後，我想要寫一個驚天動地的結尾。這個在《快快樂樂學修辭》單元十「如何說得清晰有力」有教。我讀完之後，就知道怎麼寫了！

內容在這本書的第 128 頁

小勇的小日記

親愛的五十年後的小勇：

今天我學到怎麼利用圖書館的書，本來我不會寫小日記，原來到圖書館都有好多的寶藏可以用。我借了三本書，這本用一點絕招、那本用一點祕笈，最後融合在一起，就可以輕輕鬆鬆打敗「小日記」這隻怪獸。我已經在想像老師看到我的日記時，下巴驚訝到收不起來的模樣。跟你分享，我今天快樂得像是天空中飄來飄去的白雲，也像小狗看到滿滿狗骨頭，我想你一定也會為我開心、替我歡呼、大力鼓掌吧！

祝 變成小日記達人

小學生的小勇

現在換你來試試！

你選了三本書

_____

_____

你的思考過程

你的小日記

1

內容在這本書的第_____頁。

- - - - - - - - - - - - - -

2

內容在這本書的第_____頁。

- - - - - - - - - - - - - -

3

內容在這本書的第_____頁。

寒暑假作業要發明玩具

寒暑假作業有「發明玩具比賽」。我這次變聰明了，先找書當做參考資料。好好運用它們，就像是站在巨人肩膀上，可以看得更多更遠更高！

我想做科學玩具，最好可以動，一定很酷炫！因為和科學有關、又是人造的東西，我想可以來找 400 應用科學類的書。

我想做環保玩具，玩具可能是藝術類，那我去 900 藝術類找找看。

哇！好多種類喔！

剛開始可以先選簡單、好上手的，也可以先看看裡面的材料方不方便取得。先從自己能做到的開始！

我還想到可以「科學」加「環保玩具」，把兩本書的優點結合在一起，一定會更酷！

沒錯！利用不同書籍，結合各自特色，就能創作意想不到的創意作品喔！

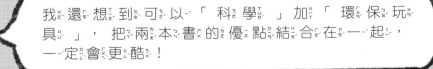

實作篇

現在換你來試試！

先找找看你想要玩具加上什麼變化？

_____

_____

_____

舉例： 玩具＋摺紙　　玩具＋科學　　玩具＋環保　　玩具＋……

再思考玩具的難度要簡單、中等，還是進階？

你選了三本書：

_____

_____

_____

接著確認工具和材料都可以獲得，如果不行，
可以選其他類似材料替代，自己彈性變化。

你的思考過程：

① 基礎：
‑ ‑
‑ ‑
‑ ‑
‑ ‑
內容在這本書的第＿＿＿頁

② 其他參考：
‑ ‑
‑ ‑
‑ ‑
‑ ‑
內容在這本書的第＿＿＿頁

③ 裝飾：
‑ ‑
‑ ‑
‑ ‑
‑ ‑
內容在這本書的第＿＿＿頁

Chapter 7
書籍超級比一比

書寫方式大不同

老師，我們看到不同書但書名都是「西遊記」，這是為什麼啊？

好問題！即便這些書都叫《西遊記》，但同樣的故事可以用不同的形式來表現喔！我們一起來認識不同的表現形式吧！

像是這本是漫畫，就像看卡通一樣，有一格一格情節和對話，很快就可以知道故事的內容。

這本是繪本，圖大、文字比較少。

* p.46-47 舉例用書，皆為親子天下出版。

這本是橋梁書，字通常比繪本多，圖畫和文字各占書的一半。故事比較複雜，所以會有目次，把內容分成一段一段。

這本是小說，全部都是文字。有的後頭還有好幾本續集喔！

我知道了！如果想快速了解故事內容，但時間不夠，我就可以先看漫畫版。

字多的書得看很久，會有人看嗎？

有的人反而喜歡小說呢！你看，漫畫很快就把故事講完了，但小說會有很多細節，也會描述主角心裡的感受。就像你看十分鐘卡通和兩個小時的電影，感動一定不一樣！

插圖多的書能讓人快速理解，就像跟著圖畫經歷冒險一樣，這樣的形式適合動作多、難以用文字表達的主題。文字多的書則適合讓讀者在自己的頭腦裡想像細節，各有優點。

前面說到的主題「西遊記」，還有其他書像是【奇想西遊】系列，就是用原版西遊記去改編，內容已經不一樣，所以選書的時候就要注意，看你是想找原版故事來讀，還是看改編的版本喔！

橋梁書怎麼讀？

老師，我想挑戰讀橋梁書，你可以教我怎麼讀嗎？

當然可以啊！先想想，你平常對什麼有興趣？

恐龍

那你來讀這本《小火龍上學記》，我們可以先看封面，猜猜看角色有幾個？會發生什麼事？橋梁書和繪本不一樣的地方是故事比較長，所以會分段，你看目次……

目次有：「真的放心讓他去上學嗎？」、「不是說學校很近嗎？」「變成一顆石頭有什麼用……」

那我們可以猜發生了什麼事？

我知道！可能上學遇到很多危險！我自己還會翻一翻，看看不懂的字有沒有很多，太難我就換一本。

太好了，小莉你已經是閱讀達人！

原來如此！

接下來，可以往字多、圖少、情節複雜的書慢慢前進，就會越來越厲害了呢！

科普書怎麼讀？

唉呦，你怎麼都拿語言文學類的書！老師說閱讀就像吃東西，有時候要勇於探索嘗試，飲食均衡啊！

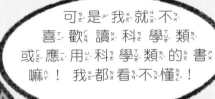

可是我就不喜歡讀科學類或應用科學類的書嘛！我都看不懂！

科學類的書籍和語文故事很不一樣，大多沒有情節，裡面有大量的順序流程、特別的名詞解釋等，你是不是覺得不知道怎麼讀，而且很難記起來？

那小勇你怎麼讀這些書的呢？

嗯……像我對恐龍有興趣，還沒看書前，我就知道自己想了解恐龍吃什麼、會怎麼攻擊、有多大、怎麼滅亡。

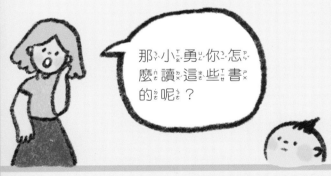

對！像小勇這樣在看書前就有自己想知道的疑問，就是一種閱讀方式。可以試著問問自己：已經知道什麼？還想知道什麼？讀完之後問問自己學了什麼？

閱讀前	閱讀中	閱讀後
K（What I Know） 我已經知道的是……	**W（What I Wonder）** 我想要知道的是……	**L（What I Learned）** 我所學到的是……

小勇的筆記

恐龍有很多種，有一種叫做「霸王龍」！

霸王龍喜歡吃什麼？

牠的攻擊絕招是什麼？

原來牠是肉食動物。

你的筆記

譬如拿到一本昆蟲書籍，我們可以想想，鍬形蟲和獨角仙好像不一樣，要怎麼區分呢？讀完後運用上面的表格，看看自己學到了什麼？這樣就會比較清楚喔！有時候也不必讀完每個章節，可以只讀有興趣的地方，有疑問時再查詢也是可以的。

拿到科普書後，可以看看封底或序言，就能知道這是一本什麼主題的書。接著開始閱讀，如果有很多人名、專有名詞或不懂的字詞，可以猜一猜或是先跳過，第一遍先看自己覺得有趣的部分就好。

你也可以在不懂的地方貼上便利貼。科普書中常有小視窗，裡面的說明可以讀一讀。

＊《海洋100問》p.16-17，親子天下出版

先讀標題，問自己已經知道什麼？想要知道什麼？

圖片需要看仔細。

操作步驟、比較資訊或實驗，也是科普書裡常見的。

＊ 一些書有附小視窗，會有提醒和名詞說明。

＊ 後頭常有問題討論，可以試著回答看看。

＊ 最後想一想，提供的證據而得到的結論，有解決你的疑問了嗎？

有的科普書還做成漫畫，有的甚至加入故事，讓科學知識更好讀，都是很好的選擇喔！

名人傳記怎麼讀？

我喜歡閱讀故事，小勇喜歡恐龍，那老師你喜歡讀什麼呢？

我啊，最喜歡的是名人傳記喔！

我知道，就是像《哈利波特》那種書！

哈利波特是小說。小說通常是虛構的，就是「不是真實人物的故事」。但名人傳記是真的有這些人、這些事情在世上發生過喔！

像是課本裡有提到的陳樹菊阿嬤、海倫凱勒還有馬拉拉嗎？

沒錯！名人傳記裡面寫的就是這些對世界有偉大貢獻的真實人物，因為是真實人物的故事，所以要在「700 史地類：世界史地」裡找書喔！

讀完之後，也想想你對這位偉人有什麼想法。是很敬佩呢？還是可以運用偉人的例子，給自己一點期許與鼓勵？

可能我們沒有這樣驚天動地的故事，但只要每天多挑戰自己，多進步一點，就是自己的英雄了！

在閱讀名人傳記時，通常會有下面幾個重點：這些人為世界做出哪些貢獻？這個貢獻怎麼讓世界更好？為什麼他們會做出這些貢獻？

	小莉的筆記 	你的筆記
名人	馬拉拉	
主要貢獻	爭取女權和女性受教育權	
對世界的影響	讓更多女性的權利受到重視	
為什麼會做出這些貢獻？	因為生長在巴基斯坦，女性沒有受教育的權利，所以馬拉拉在網路上寫下心情和呼籲。	
在過程中遇到什麼樣的困難，又是如何克服？	過程中被塔利班槍擊，最後幸運活了下來，繼續爭取女性的權利。	
這個人曾說過什麼重要的話？	一個小孩、一個老師、一本書和一枝筆，就能改變世界！	
我的心得與想法	原來只要願意，年紀小也可以改變世界！	

Chapter 8　其他探索也很有趣喔！

課本作者躲在哪？

哈哈，課文裡的主角好好笑！真想繼續看下去！

這還不簡單！老師之前有教過可以查詢「關鍵字」或是「作者」啊！你看，課文作者的名字在這裡。版權頁也有很多名字和圖片出處喔！

文／王文華

小勇已經是圖書館專家了！沒有錯，從課文作者、圖片出處搜尋都是很棒的方法。或是用第四章說過的「以書找書」，也是很棒的方式。

我想起來了，到圖書館後，同櫃號附近的書籍也可以瞧一瞧，同出版社可以查一查。哇！那就可能一網打盡了！

小莉說得很棒！課文裡有很多寶藏，當你找到關鍵密碼，就可以打開其他的寶盒喔！

教科書版權頁也會躲著隱藏的資訊喔。

邀稿作家（依姓氏筆畫排列）
林小辰・現任國小教師
林小萍・兒童文學作家
范小芸・兒童文學作家

版權頁也會有作家的姓名，可以找尋作家其他書籍來閱讀喔！

54

課本這裡很有趣，我還想讀更多

把同個作者出的所有書看完，真的好痛快喔！

對啊！沒想到課本裡的主角後來還發生那麼多有趣的事，讀課文根本就不過癮，還會想要再讀更多！

你們真的越來越厲害了！我們再來運用之前學過「以書找書」法，來看下面的表格。

	小勇	你呢？
對什麼有興趣？	恐龍，喜歡《達克比辦案7：末日恐龍王》	
猜測是什麼分類	300 科學類	
電腦查詢關鍵字	恐龍、演化、化石	
有其他集數嗎？	很多集數，有一整套	
同出版社有無其他類似的書？	有，親子天下出版社有出版同作者其他書	
同作者、畫家的書	可以查詢胡妙芬、柯智元、彭永成的其他作品	
同學推薦、老師推薦、網路尋找？	詢問同學、老師，網路可以查詢相關書籍，再請圖書館考慮購買	

我們也可以用這個方法再多練習，譬如小勇剛剛提到的課文，裡頭說到「上學」、「學校」、「校園」這幾個主題，我們就可以用這幾個主題，找出很多在第七章所說不同類別的書，然後選擇自己有興趣的來閱讀喔！

自然課本也可以用同樣的方法探索嗎？

當然可以啊！

讓我來試試看。例如自然課本中的這篇是在介紹動物，我很有興趣，所以我可以輸入關鍵字，或找櫃號、同出版社的書，也能請同學推薦書……

幾分鐘過後……

用關鍵字（動物、生物）

300
找櫃號

找同出版社的書

聽同學說這本動物小說很好看

哇！ 有動物的漫畫、 動物的繪本、 動物圖鑑、 動物小說……有好多用不同角度來描寫動物的書喔！

很棒喔！ 這樣再加上研究與整理， 就可以變成動物領域的專家喔！

生活中有問題，該怎麼辦？

但我不知道我的問題關鍵字是什麼？

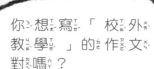

小莉真的是問了一個好問題。

你想寫「校外教學」的作文對嗎？

可能沒有一本書叫做《校外教學作文》，但我們可以輸入關鍵字「作文」加上身分，譬如「作文小學生」，再來縮小搜尋範圍並嘗試新的關鍵字。

通常找資料不一定一次就可以完成，多嘗試幾種方法和多練習，就會越來越厲害！

原來如此，那我也可以直接去 800 語言文學類或 500 社會科學類找找看囉！

沒錯。小莉會舉一反三囉！

哇！有好多作文的書籍啊！

對！書這麼多，那該從哪裡下手呢？

我知道，可以先翻翻看適不適合！

可以先看目次，找到重要的部分！

哇！你們都是專家了！

下面有其他小朋友的問題和好奇，有些是課本的、有些是生活中的，都能去圖書館繼續深入探索！想一想並試試看，可以用哪些關鍵字去搜尋。

實作篇

方法：

查詢關鍵字、找同出版社的書、找同作者的作品、蒐集同分類號中的其他書、請同學推薦

天空為什麼是藍的？
（關鍵字：天空、氣象、宇宙）

我每天
要吃多少食物
才健康？
（關鍵字：飲食、營養）

為什麼有地震？
（關鍵字：地震、板塊）

天空的雲變成這樣
是因為要下雨了嗎？
（關鍵字：天氣、氣象、雲）

為什麼走路時，
月亮會一直跟著我？
（關鍵字：月亮、宇宙）

要怎麼才可以考高分？
（關鍵字：學習、筆記、高分）

為什麼要上學？
（關鍵字：上學、學校、校園）

我的問題：
（換你想想，你有什麼疑問和
好奇呢？）

除了書，還有其他資料來源嗎？

如果我想找某個資料，卻找不到相關的書籍呢？

現在很多知識形成的速度很快，要變成書籍需要一段時間，所以如果在書籍中還找不到的，可以找找報紙、雜誌、工具書或資料庫。

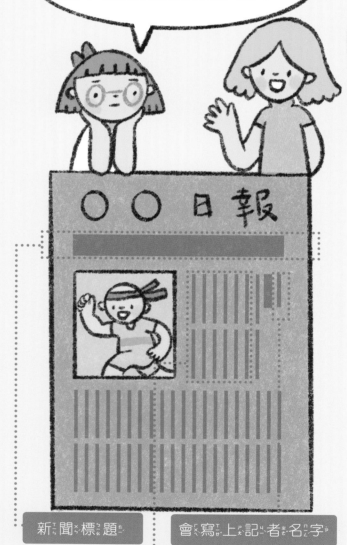

新聞標題

會寫上記者名字

報紙第一頁會放頭條新聞

報紙

類型

報紙如果是每日發行，稱為「日報」，每週發行則稱為「週報」。

內容

報紙裡最重要的就是新聞。許多重大事件都會寫成新聞報導，像是奧運最新成績、疫情動態等。這些內容都還來不及做成書，就有很多由記者採訪而來的新聞刊登在報紙上了。除了新聞外，報紙的內容還包含副刊、專題報導、廣告等。不同的報紙通常會有自己的立場，或是帶有記者自己的觀點，所以閱讀的時候要思考辨別，不能照單全收喔！

雜誌

類型

雜誌也是多元的刊物，每個月出版稱為「月刊」，也有「雙週刊」、「季刊」、「年刊」等不同的出刊方式。

內容

有多元的內容，訊息更新速度比書快，但比報紙慢。有些比較新的內容，在雜誌可以找到，像是介紹從 2000 年由國外興起、近十年臺灣也有舉辦的「真人圖書館」活動。因為一本雜誌裡有豐富的內容，讀者可以看封面簡介或目錄頁得知整本內容講了什麼。

＊為親子天下出版

編輯檯討論新一期的雜誌內容

工具書

類型

常見工具書有字典（查字）、辭典（查詞）、百科全書（為什麼）、傳記資料（名人）、年鑑年表（歷史上某年發生什麼事情）、統計數據（人口等統計資料）、法規（法律條文）、地圖等。

內容

雖然現在許多資訊在網路上可以查到，但有些專業資料，還是要特定的參考用書才有收錄。

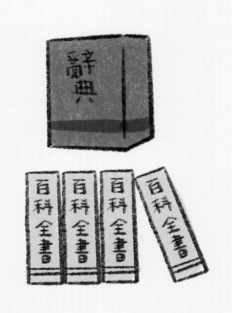

資料庫

另外，還可以來找「資料庫」。資料庫裡頭可是收藏了許多電子檔案，連接到資料庫後，就能查詢很多資料喔！

那跟上網查資料有什麼不一樣？

網路資料不一定正確、完整，資料庫比較齊全喔！像是之前我們不是申請過北市圖電子書帳號和密碼嗎？這時候就能拿來登錄北市圖資料庫，裡頭有像是「報紙原版資料庫」，可以查新聞；或是有「神話故事百科全書」，可以用關鍵字查詢神話。不同圖書館的資料庫也不一樣，像是有的圖書館有「臺灣百年時空知識庫」、「故宮文物寶藏影音資料庫」、「臺灣史知識庫」、「臺灣魚類學習知識庫」，都可以去探索看看喔！

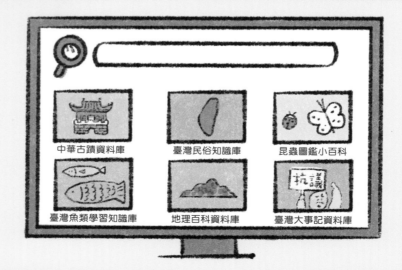

中華古蹟資料庫　　臺灣民俗知識庫　　昆蟲圖鑑小百科

臺灣魚類學習知識庫　地理百科資料庫　臺灣大事記資料庫

62

學習判讀網路資料的正確性

唉呦，我一直被蚊子咬！

你的血型一定是 A 型，新聞說蚊子最愛 A 型血。

可是我是 B 型啊！你在哪裡看到的新聞？

這裡！

QQ新聞網 A 型人都驚呆了！

最新英國研究指示，蚊子最愛體溫高的人，A 型血型比其他血型高出不少，因此 A 型人被叮的機率是 90%。所以要避免被蚊蟲叮，可以用酒精噴灑在皮膚上，降低溫度，或是多喝冷飲、降低體溫，就可以避免被蚊子叮到滿頭包了喔！

網路上的資料一定是真的嗎？

六何法

What 資料的主題是什麼？
「Ａ型人都驚呆了！」不是客觀的新聞標題，值得留意。

Where 資料的來源可靠嗎？
只有說「英國研究」，但沒有說清楚研究單位。

When 資料何時發布？
沒有寫是何時的研究結論。

Who 資料的作者是誰？
沒有寫記者是誰，也沒有說清楚研究者的姓名，並且沒有聽過「ＱＱ新聞網」。

How 如何證明資訊正確？
記者沒有提出證據來說明為什麼Ａ型血型體溫高，「噴灑酒精和喝冷飲可以安全降低體溫」這個說法也沒有根據。

Why 記者為何要這樣說？
可能想用標題吸引讀者因為好奇而點進來看，這樣能增加文章點閱率。

面對網際網路的資料或新聞，我們可以用六何法來判斷資訊的真假。

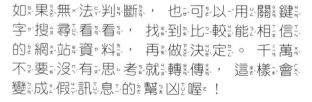

如果無法判斷，也可以用關鍵字搜尋看看，找到比較能相信的網站資料，再做決定。千萬不要沒有思考就轉傳，這樣會變成假訊息的幫凶喔！

原來網路上很多假訊息、假新聞，還好有發現，不然我做成報告就糟大了！

學習摘要並寫心得

老師說要寫心得，你看我，我找了這麼多書！

老師說要找資料，你看我，我從書籍、報紙、雜誌、資料庫、網際網路找了這麼多資料！

那你們可以用簡單三句話說一下「這本書到底在說什麼」、「這個主題重要的三項重點」嗎？

要如何找出這本書的重點呢？ 在寫心得的時候， 我們會大概提一下書籍的內容， 但不能太長， 以免心得寫一寫， 都只在寫書籍簡介， 而沒有自己的收穫與感想。 那書籍摘要重點怎麼做呢？ 先來看個範例， 並且用下一頁空白表格來練習。

範例故事
灰姑娘

背景主角	在什麼地方、 時間發生的？ 主角是誰？	很久很久以前有個女孩， 後母每天虐待她， 整天都髒兮兮的， 所以大家叫她灰姑娘。
故事中， 問題如何開始， 又是如何解決	主角遇到什麼問題？ 最後怎麼解決？	她想參加王子的舞會， 可是沒有漂亮的衣服， 還好仙女幫助了她。 灰姑娘離開舞會的時候， 掉了一隻玻璃鞋。
結果	故事的最後怎麼了？	最後王子靠著玻璃鞋找到灰姑娘， 從此過著幸福美好的生活。

三隻小豬

背景、主角	在什麼地方、時間發生的？ 主角是誰？	
故事中，問題如何開始，又是如何解決	主角遇到什麼問題？ 最後怎麼解決？	
結果	故事的最後怎麼了？	

主角通常會在封面圖像裡看到、在書名中提到，或是整個故事都一直出現的人。

那比較長篇的故事怎麼辦？裡頭有好多問題和難關，全部都說就太長了！

這我知道，當然是選最大的難關啊！預告片都是這樣製作的！

小勇說得對，也可以選和最後結局最有關的難題，像是灰姑娘被迫做繁重的打掃工作，還有想去參加舞會卻沒有禮服的難題，我們就會選最後一個。那你們覺得玻璃鞋的情節可以刪掉嗎？

當然不行！刪掉玻璃鞋，王子就找不到灰姑娘了！

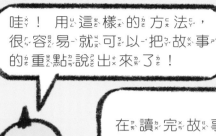

哇！用這樣的方法，很容易就可以把故事的重點說出來了！

在讀完故事後，多用表格練習，找重點能力就會變厲害喔！像是看完這本書之後，你有什麼感覺呢？

很好看！

那你再具體描述哪裡好看？是主角、情節、還是內容？

我們可以用下面幾個問題來想想看。

最喜歡的人、事、物是……？為什麼會喜歡？

內容有哪裡精采的、有趣的、好玩的、哀傷的……都能寫出來。

如果你是故事裡的主角，你會像他這樣做嗎？為什麼？

有沒有其他事情是看了這個故事後想要分享的？

小勇的作品

我覺得灰姑娘好可憐，爸爸過世又被欺負，還好灰姑娘最後自己努力得到幸福了。我最喜歡仙女，因為她會魔法，還可以將南瓜變成馬車，好厲害喔！如果我有能力，我也希望我可以像她一樣幫助別人。我看了這個故事之後，覺得最後玻璃鞋沒有消失，真是太神奇了，不過我想應該是仙女的特別安排，要讓灰姑娘可以得到幸福吧！

對主角的感覺

最喜歡的角色

對整個故事的感覺

小莉的作品

我認為這是一個很簡單的故事，卻有許多值得我們深入探討的問題。

其中，灰姑娘的後母雖然殘酷又自私，但是我想，她只是為了自己的女兒好。看見灰姑娘的天生麗質，她希望自己的女兒可以被王子選上，才不准灰姑娘參加舞會。雖然方法錯了，但是我總覺得她是為了自己的兒女，只是沒有疼愛灰姑娘罷了。

而灰姑娘除了美貌之外，如果沒有老鼠、小鳥、馬兒這些朋友的幫助，光靠仙女也不夠。因此，我想有朋友很重要，也許這個故事也在告訴我們，要有許多朋友，並且要樂觀、善良的對待每一個人。

最後，我想這個故事可以流傳這麼久，還是深受女生歡迎，原因除了這故事裡面有夢幻的仙女、英俊的王子外，如果這故事還教我不管環境多麼艱辛困難，如果正向思考、靜待時機到來，就像灰姑娘舉目無親，又有虐待她的後母、天天恥笑她打擊她的兩個姐姐，還是會得到幸福。我覺得裡面就是有這樣的希望，這個故事才會一直廣受大家歡迎吧！

對主角的感覺

讀故事後的其餘想法

對整個故事的感覺

學習摘要並寫報告

那我的這些資料怎麼辦？老師要我們寫旅遊報告，我想報告臺南孔廟，我用了「臺南孔廟」、「古蹟」、「府城」這幾個關鍵字找到這些書和資料。

資料實在太多了，我們先挑選需要的就好。像這兩份很像，我們選一個留下來。

而這份資料太難，先擺一旁不看。

再來，看一些資料後可以想想看：想要報告孔廟的哪些方向？

我想報告美食，臺南的傳統美食讓我流口水！

你只想到吃，應該還有歷史和建築特色吧！

我知道啦，我只是還沒說。

那接下來，我們可以利用概念圖來整理手上的資料。有了方向後，我們就可以留下臺南孔廟的「歷史、建築和美食」的資料，剩下的資料就先收起來。

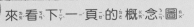

來看下一頁的概念圖

69

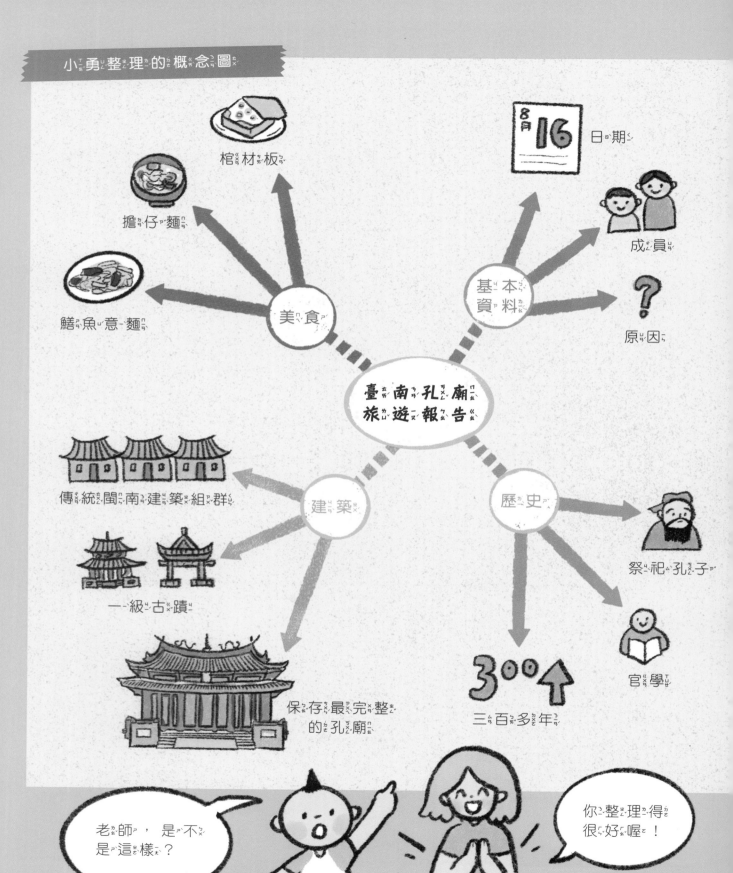

原來要讀懂資料，然後再把架構寫出來，這樣就清楚多了。

是啊！接下來就用剛剛畫好的概念圖當成架構，就能開始寫報告了。別忘記，最後要列出你的參考資料，這樣才是完整的報告喔！

我知道，也可以一個分類用一個顏色，或是加上和主題有關的插圖，就能讓報告更好閱讀了！

範例｜ 小勇的報告

❶ 出遊基本資料

暑假時我和爸爸媽媽到臺南旅遊，參觀了臺南的孔廟。爸爸說孔廟是臺南有名的旅遊地標，到臺南來一定要來看看。

❷ 孔廟歷史

臺南的孔廟已經有三百多年的歷史，中間有很多次整修。孔子是世上偉大的教育家之一，孔廟不僅是祭祀孔子的地方，也是地方官學（以前學校的一種）的所在地，幾乎重要的城鎮都有孔廟。

❸ 孔廟特殊建築

臺南孔廟是臺南最完整的傳統閩南建築群，也是一級古蹟。主體建築部分是左學（官學）右廟（孔廟），是目前在臺灣的孔廟中保存最好、最完整的代表。

❹ 臺南美食

臺南有很多特色小吃，我們吃了棺材板、擔仔麵和鱔魚意麵。我本來很怕棺材板，後來才發現是炸到金黃色的厚片吐司，挖洞後再加入勾芡過的牛奶，真是太美味了！

❺ 參考資料

《臺南孔廟好好玩》、《古蹟入門》、《小石獅遊府城》、臺南 - 孔廟文化資訊網
https://confucius.culture.tw › home › zh-tw › taiwan

Chapter 10　想看更多書！來去公共圖書館

辦理神奇小卡──借書證

如果學校圖書館都已經滿足不了你，那千萬別錯過鄉鎮圖書館、縣市圖書館，有更多藏書和服務可以運用喔！

除了有借還書，還有什麼服務呢？

我知道，我有聽過故事阿姨說故事！

對！公共圖書館因為經費比較充足，所以書籍比較多。有的有樂齡閱讀區、有的有外文圖書區、有的有視聽媒體區可以借影片觀看、有的還有桌遊遊戲、ＶＲ（虛擬實境）和ＡＲ（擴增實境）的設備。各地的圖書館擁有多元的服務，等著你去探險喔！

小朋友請家長攜帶戶口名簿正本，向館員申請借書證就可以借書了。

全家一起辦借書證時，還可以申請「家庭借閱證」，可以一次借比較多本書。

如果是很熱門的書籍，可以先在網站預約，送到比較近的分區圖書館，有些縣市還能用付費的方式，在超商取書喔！

還書期限到了，但借的書還沒有看完，也可以在網站「延長借閱期限」喔！

參加特別活動

我在縣市圖書館網頁看見我最喜歡的童書作家要來演講！

那我們一起去參加！

○×△？！☺

聽完作家分享創作背後的故事後，我更喜歡他的書了，以後讀的時候就會想起作家的分享，對書的情節就更感動了呢！

我以前沒有看過這位作家的書，今天聽完演講很有興趣，想趕快找這些書來讀！

那可以好好聽我推薦，我現在可是研究這位作家的專家了呢！

國家圖書館與專門圖書館

我們認識了中小學圖書館，也參觀了公共圖書館，還有大專院校的圖書館。再來還要知道的，就是「國家圖書館」。國家圖書館位於臺北市，除了對一般民眾開放外，主要是對研究人員提供學術期刊、博碩士論文等專業資料。

是不是就像是航空母艦，資料最齊全！

可以這麼說喔！國家圖書館還會提供出版社「ISBN國際標準書號」，負責統籌國內的出版資訊，並與其他國家交流出版。

哇，是圖書館最高指揮！有機會的話，我要去國家圖書館參訪一下！

還有很多專門圖書館，
也不要錯過喔！

像是軍事機關圖書館，就專
門蒐集有關軍事的書籍。

政府機關議會圖書館，會有許
多議會及行政機構需要的歷史
圖書等。

研究機構圖書館，會有化
學、物理等專業書籍。

還有像是宗教團體圖書館，裡
面都是關於宗教的書。

繪本圖書館

其他還有很多有特色的圖書館，像是繪本圖書館，就是全館都以繪本為藏書。

哇，全部都是繪本的圖書館，聽起來好吸引人。拿一本可愛的繪本，徜徉在書中的情境，一定很享受！

不說這麼多，我要出發了！

臺灣有哪些繪本圖書館？請用關鍵字在網路上搜尋後並寫下來。

漫畫圖書館

有些圖書館也會設置漫畫專區，更有你們一定喜歡的「漫畫圖書館」，這些都是很有特色的另類圖書館。

有這麼多有特色的圖書館，真的太幸福了！

成為恐龍專家！認識留存資料的方法

我們已經學到很多重要的圖書館知識。再多多練習，很快你們就能成為專家了。

老師，我想要成為恐龍專家！

那你說說有什麼方法可以成為恐龍專家？

可以到圖書館網頁查詢關鍵字：恐龍、古生物、化石；

找尋附近的櫃號，有沒有類似的書（詳見第四章）；

數位資源也不可以放過，譬如裡頭有電子雜誌，也能找到很棒的資料（詳見第五章）；

也可以搜尋網路，但要留意資料的來源和正確性（詳見第五章）。最後可以寫下心得，或是做成一篇報告（詳見第九章）！

太厲害了！小勇把前面講過的重點變成自己的養分了。

接下來，要留下這麼多不同出處的資訊，可以用下面的幾種方式喔！

影印

看到書或報紙上的內容有參考價值時，能影印下來，但記得印完後立刻寫上資料來源，像是書籍的部分就標上書名、出版社、出版日期等資訊，而報紙則標上報名、日期、第幾版等資訊。

拍照

用手機或相機將重要的資料拍攝下來，一樣要標好出處資訊，再分別放進不同資料夾來保存。

哇，這裡的介紹好詳細，我要記下來！

※ 不是每個圖書館和博物館的所有展間都能拍照做紀錄，拍照前記得詢問展間的規定喔！

截圖或存下照片、複製文字等

如果是電子書、電子雜誌、網路資料，就可以這樣保存。一樣要標上出處資訊喔！

記得以上方式都是在合理使用範圍內。如果你喜歡某本書的所有內容，或是整本的電子雜誌，記得直接去購買，如此才是尊重他人著作權的行為喔！

再來，要怎麼收納這些資料呢？可以先問問自己之後怎麼運用這些資料，然後再以自己方便查詢的分類方式來保存資料。

擬定分類項目

像是可以用不同種的恐龍當成分類項目，分成暴龍、三角龍、雷龍等，或是用年代來分類。

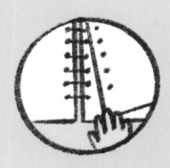

製作文件夾

當紙本資料蒐集越多時，可以採用活頁夾來保存，方便增加、減少、分類、調整順序。

電子軟體來幫忙

如果是電子資料越來越多時，可以使用軟體來編輯，像是排成一本小書、一份簡報等，並且加入自己的說明和解釋，變成專屬於自己獨一無二的筆記。

成為烹飪專家！讓影音和 App 資源來相助

老師，但我喜歡看影片，也可以使用影音資源讓自己變成專家嗎？

當然可以啊！有些技能型的知識技巧，像是烹飪、運動、手作等，看文字描述比較難理解，使用影音協助可以比文字更快熟練。還有一些相關的 App 或是網站，也可以根據不同食材推薦不同烹調方法，更簡單方便。

步驟一 在影音平臺上填入關鍵字。

步驟二 查詢適合的影音，看使用的材料好不好取得、做法是否適合自己操作、有沒有人回饋其他的建議。

步驟三 跟著影音的步驟做出成品後，看看口味合不合適，需不需要微調？如果很喜歡，也許可以訂閱發布者的頻道，嘗試其他道料理。

步驟四 記下自己的製作過程和調味料比例、注意事項。可以用錄影或拍照來記錄，還能記下家人的評語，當成下回製作的參考值。

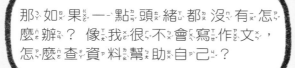

那如果一點頭緒都沒有怎麼辦？像我很不會寫作文，怎麼查資料幫助自己？

我們可以到圖書館查查有哪些作文書籍。你看，有教小日記怎麼寫的書、形容詞大集合的書、趣味作文主題的書……看完這些書的目次後，可以先想想你的困難在哪裡呢？

我每次都不知道要寫什麼……

喔，對了！老師說我作文裡的感受描述太少，寫出來的句子太短。

那可以找有教如何加長句子的書，來多練習怎麼形容自己的感覺。不知道寫什麼，可以看看別人怎麼寫，也許就能找到靈感。

小莉說得對！接下來，我們來整理成概念圖。

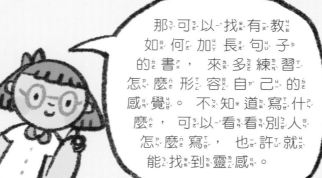

寫信、便條

寫物
- 動物
- 植物
- 無生命物品

寫景
- 風景
- 季節

寫事
- 校外教學
- 運動會

作文專家

如何寫句子
- 加長句子
- 修改、增加想法和形容詞

寫心得
- 一篇文章的心得
- 一本書的心得
- 對事情的心得

小日記
- 創意小日記
- 增加亮點

描寫人物
- 家人
- 老師同學
- 職業
- 偉人

其他類別
- 優秀得獎作品
- 詞彙參考書

我們可以提取多本書的目錄，把「作文」拆解成上方這樣的架構，再看看哪邊是自己缺乏的，就能往那個方向去研究、去找書、去練習了喔！你也可以把跟分支有關的書名列在旁邊，如此就可以做出屬於自己的書單了！

哇！這樣好清楚，就可以知道自己還能去做哪些努力，覺得很踏實！

沒想到光是「作文寫作」就有這麼多細節和學問！有了架構，一步步往前就會進步！

你想成為什麼專家？了解資料庫的運用

如果想成為某方面的專家，但找到的資料不夠多，該怎麼辦呢？例如我想成為「奧運舉重比賽選手『郭婞淳』」的專家，她是我媽媽的偶像，所以我想要深入研究！

什麼是「資料庫」？

前面說過的書、雜誌、報紙、網路，都是不同的蒐集來源。我們也介紹過數位資源（電子書、電子雜誌等），不過還有「資料庫」也很好用喔！

簡單來說就是「電子化的檔案櫃」，一個櫃子集結很多相關的數位資源。

隨著資料越來越多，想找到需要的數位資源會花很多時間，但只要使用已經數位化的資料庫，輸入關鍵字搜尋，很快就可以找到你想要的資料了！

* p.62 有關於資料庫的初步介紹，閱讀此頁時能一邊參照。

我們之前申請過的北市圖電子書帳號，這時候就能再拿出來用了！先到圖書館首頁，再進入「電子資源整合系統」，就能開始使用資料庫了喔！

不同的資料庫資料也不一樣，像是有報紙資料庫、有聲書資料庫、期刊文獻資料庫、百科全書資料庫、年鑑資料庫、電話簿資料庫、全國人事法規資料庫等。

各個圖書館有不同資料庫，可以深入研究。和書籍相比，資料庫更容易查詢，正確性也比網路資料高得多。

真的耶！使用「報紙資料庫」就可以搜尋到好多關於郭婞淳的新聞。這樣的話，像是奧運賽事、歷史上的大事件，都可以查詢這個資料庫，幫助我們了解人事物的全貌！

真是神奇，好像打開一個神奇的藏寶箱！

Chapter 12 專家進階養成術

用 5W2H 建立自己的專家藍圖

上一一章我們已經講到如何成為專家, 現在我們要再進一步精進, 讓自己成為大師級人物!

首先還是先想: 「要成為什麼樣的專家」?
用 5W2H 來反問自己, 讓目標更清楚與聚焦喔!

範例

我想成為昆蟲專家

Why 為什麼	為什麼想成為昆蟲專家? 原因是什麼? 過去的經驗和「昆蟲」主題有什麼關連嗎?
What 目標	成為昆蟲專家有特別想要達成什麼目標嗎? 要做到什麼樣程度的專家呢? 是想要參加比賽, 還是做成報告? 或是想擁有「看見昆蟲就可以滔滔不絕介紹」的能力?
Who 誰可以幫忙	哪些人可以協助你成為昆蟲專家呢? 爸媽、 老師、 圖書館老師?
When 達成的時間	有想要達成的時間嗎? 例如這個學期要完成哪些目標? 或是想要在一個暑假內做好哪些事?
Where 範圍在哪	要成為哪個範圍的昆蟲專家呢? 是全部的昆蟲嗎? 還是只有甲蟲? 或是鍬形蟲? 是想要了解知識並向別人做介紹, 還是只想飼養或做標本?
How 如何達成	如何變成專家? 有沒有檢驗達成的標準? 如何檢驗自己有沒有達到想要的目標?
How much 有哪些資源	有多少時間、 零用錢, 還有可以利用哪些實體圖書館的書和電子書? 有多少資源可以幫助你成為專家呢?

> 不同的目標, 之後使用的方法就不一樣喔!

接著我們來討論「範圍在哪」，其實這個能用先前提到的「概念圖」來整理喔！

我們能找幾本書，看看目次並想一想：成為昆蟲專家，需要知道的知識可能有哪些範圍呢？

譬如從一些昆蟲書的目錄可以看到昆蟲的分類，有鱗翅目、膜翅目、雙翅目、直翅目等，就可以畫出下面的圖。

鱗翅目

鞘翅目

螳螂目

昆蟲專家

......

膜翅目

雙翅目

直翅目

89

也有別的昆蟲書用不同方式帶讀者認識昆蟲：繁殖、覓食、防衛、居住地等。

構造 —— 頭、胸、腹

居住地

覓食

其他

常見昆蟲介紹

昆蟲常識專家

消化系統 —— 前腸、後腸

生長與發育

繁殖

以上是一些範例。選出自己喜歡的分類方式後，就能記下來並畫成概念圖，幫助自己了解自己想熟知的範圍喔！

還有不同的專家範圍，像是：「臺灣常見的昆蟲」專家、「益蟲與害蟲」專家、「昆蟲界的明星大人物」專家等。

不同領域的專家，有不一樣的專業知識，就看你想要成為哪方面的昆蟲專家喔！

練習篇

我想成為＿＿＿＿＿＿＿＿ 專家。

Why 為什麼	✴
What 目標	✴
Who 誰可以幫忙	✴
When 達成的時間	✴
Where 範圍在哪	✴
How 如何達成	✴
How much 有哪些資源	✴

記得找幾張紙，畫下你的「專家領域範圍」概念圖。

概念圖不限於一個。每種分類方式都能整理出一個概念圖！

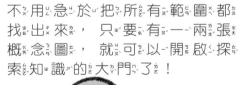

不用急於把所有範圍都找出來，只要有一兩張概念圖，就可以開啟探索知識的大門了！

自己的專家領域自己顧！建立自己的「大資料庫系統」

成為一個專家，依照不同專家的屬性，有很多不一樣的資料來源。下方都是我們前面說過的工具。依照你想成為的專家，選擇適合你使用的工具吧！

資料類別	資料特色	適合哪方面的專家來使用
實體書	資料系統，方便來回查找	各式專家
電子書	搜尋方便，網路上可借可查	各式專家
雜誌 電子雜誌	資料比較新穎，適合較有時效性的類別	學習外語、最新潮流、最新電影評論、數位資訊的人
報紙	大量資訊按照時間排列，但也比較繁雜。	奧運、世足等具即時時效的項目
資料庫	不同的資料庫可以提供可信度高的知識	需要搜尋高度正確性資料的人
工具書	專供查考資料的特定類型書目，例如字典、百科全書	各式專家
論文	單一領域、資料嚴謹，有期刊論文和碩博士論文，例如某種樹蛙的研究報告	需要專業學術研究資訊的人
影音	操作性強、有具體的步驟	需要反覆操作的技能，例如烹飪、烘焙、編髮、運動
網際網路	搜尋容易，但資料來源需要反覆確認	各式專家
討論區	聚集一群有興趣的人，可以藉由討論交流，更快了解知識技能，但要留意網路安全	可以藉由討論，快速了解最新訊息和資訊，像是某個運動員的討論區、露營討論區。

我趕快來清點我有哪些資料可以用！

太豐富了！

小莉成為漫畫家

- 實體書 → 蒐集喜好風格的漫畫作為參考資料
- 電子書 → 方便截圖記錄蒐集分類
- 喜歡的漫畫作品
  - 特定出版社追蹤
  - 特別喜歡的作者作品
- 漫畫雜誌 → 追喜歡的風格
- 追蹤喜歡的插畫家社群媒體 → Mori 三木森
- 影音
  - 繪畫技巧
  - 作品分析
- 討論區 → 漫畫技巧討論區
  - 論壇
  - 社群媒體

我把我的資料庫系統畫成概念圖。原來仔細思考後，有這些資料可以運用！感覺有好多方向可以前進，我現在感覺幹勁十足了！

換你做做看!

按照以下資料類別, 填寫下來後並畫出自己的大資料庫概念圖。

資料類別	找尋方法	是否有找到想要的資料?請列出來。
實體書	可以用分類號、 關鍵字、 系列、 同出版社、 同作者、 同學推薦來找尋。	
電子書	查關鍵字, 也能查同作者的其他作品。	
雜誌 電子雜誌	有沒有適合的專業雜誌	
報紙	是否有歷史事件、 媒體報導?	
資料庫	有沒有適合的資料庫?	
工具書	圖書館有無適合的工具書可以使用?	
論文	到期刊論文網站尋找	
影音	在影音網站輸入關鍵字, 找一找有沒有相關主題的紀錄片或是電影?	
網際網路	用關鍵字搜尋, 要注意資料正確性。	
討論區	有無適合的討論區?	

專家分享空間 ❶ ── 做 小書

現在我有這麼多資料，好想寫成一本書。

做個作者，寫一本獨一無二的書一定很棒。

當你的研究夠深、資訊夠多時，就可以做一本屬於自己的書，把資料有條理的整理起來，分享給其他人喔！

我們可以先從簡單的八格書開始做起。

❶ 將紙折成八格

❷ 長邊對折，中間兩格剪開。

❸ 紙張打開，改為短邊對折。

❹ 對折後的紙張，左右兩頭往中間擠壓。

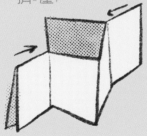

❺ 擠壓到最後，會先形成十字。

❻ 整理摺線，合起成為一本小書。

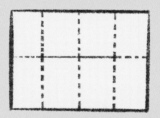

做好八格書後，觀察一下，會發現總共有八頁可以書寫。現在就來思考每一頁你想要呈現哪些重點。

我要來寫一本小小恐龍書！

小勇的小書內頁設計表

	內容	備註
第一頁	恐龍生存年代表	
第二頁	暴龍介紹	
第三頁	三角龍	
第四頁	雷龍	
第五頁	長頸龍	
第六頁	迅猛龍	
第七頁	劍龍	
第八頁	恐龍滅絕的可能原因	想設計成讓讀者猜猜看

你也跟著我們一起做小書吧！摺出八格書後，請找一張紙寫下你的內頁設計表，再將各頁的內容填入小書中。

成為某個領域的專家後，也能跟別人分享心得或報告給他們聽。心得和報告在第九章有談過，可以翻回去複習。不過要特別留意的是，以文字書寫，容易一目了然；而用說的則要表達簡單點，讓人一聽就懂喔！

專家分享空間❷ — 做簡報與上臺報告

綜合課小勇報告時，下面同學睡成一片……

這樣沒什麼不好，失敗過就學到東西了啊！專家要進行簡報的時候，要考慮聽眾的程度和想要聽的內容。最好一次只出現一個重點，還要考量時間的長度。

例如有十分鐘可以報告，那可以準備大約五張簡報：

❶ 報告題目	用一張簡報呈現，並且放在整份簡報的最前頭。
❷ 報告大綱	整理成一張簡報。
❸ 主題一、主題二	各用一張簡報來呈現。
❹ 重點回顧	帶觀眾回顧剛剛說到的要點，用一張簡報來呈現。
❺ 結尾	用一張簡報作結。

簡報裡可加上故事、圖表或吸睛的影片，但記得不要太多。另外也能請家人試聽你的報告，看看效果如何。

小勇再次上臺，獲得全場掌聲！

一起來比較兩份不同的簡報！

一張簡報一個重點

小勇的侏儸紀公園 ——植食性恐龍	報告大綱	

	重點回顧	結尾

上面是一張簡報認識一種植食性恐龍，簡潔明瞭！

一張簡報包含許多資訊

植食性恐龍是指吃植物的恐龍，大都有很大的身體和很壯的四肢，不過性情很溫和，常常走路也是慢吞吞。他們的牙齒形狀和大小跟所吃的植物有關。劍龍、腕龍、甲龍、三角龍、副櫛龍都是植食性恐龍，劍龍和甲龍是使用甩動尾巴來攻擊敵人，三角龍是用頭撞擊敵人，副櫛龍則是逃得很快。

這看起來眼花撩亂了啦！

專家終極目標：探究並解決問題

成為專家，除了可以和他人分享以外，最重要的就是可以「解決問題」。四年級學到了昆蟲，你們都很有興趣，就可以把它當成一個主題。首先想一想，對課本中提到的哪些昆蟲有興趣呢？

我對「紋白蝶」最有興趣！

我也是！聽說我們要養紋白蝶，我想多知道一點！

 那我們可以用第七章學到的 K W L 表格整理一下。

閱讀前 K (What I Know) 我已經知道的是……	閱讀中 W (What I Wonder) 我想要知道的是……	閱讀後 L (What I Learned) 我所學到的是……
紋白蝶是一種昆蟲！	養紋白蝶要注意什麼？ 紋白蝶吃什麼呢？ 怎麼照顧紋白蝶？	

接下來，我們可以開始找尋資料。

資料類別	找尋方法	是否有找到想要的資料？請列出來。
實體書	可以找分類號、關鍵字、套書、同出版社的書、同作者的其他著作，或請同學推薦。	圖鑑、300科學類
電子書	查關鍵字，也能查同作者的其他作品。	電子書查詢「紋白蝶」
雜誌 電子雜誌	有沒有適合的專業雜誌	
報紙	是否有歷史事件、媒體報導？	
資料庫	有沒有適合的資料庫？	國立公共資訊圖書館「昆蟲圖鑑小百科」資料庫，關鍵字「紋白蝶」
工具書	圖書館有無適合的工具書可以使用？	
論文	到期刊論文網站尋找	
影音	在影音網站輸入關鍵字，找一找有沒有相關主題的紀錄片或是電影？	紋白蝶
網際網路	用關鍵字搜尋，要注意資料正確性。	網站
討論區	有無適合的討論區？	

我們學過，要從書籍摘錄重點。

我在剛剛看的書中讀到：「紋白蝶的食物有小白菜、芥菜、芥蘭、油菜、甘藍、蘿蔔等」，我要把它記下來。

記得在旁邊寫上出自哪裡喔！（參考資料的來源）

小勇說得很對！像是這本書的參考資料，就有下方這些。

參考資料

第一章
《設計幀理：裝幀的藝術》，不求人文化出版

第三章
中文圖書分類法（2007版）
國民中小學圖書館編目工作手冊
國小圖書教師手冊電子書

第七章
圖書資訊利用教育教學綱要，國小版教案及講義

再次提醒，找尋網際網路的資料時，記得看網域的名字，以「gov」（表示來自政府單位）、「edu」（表示來自學術單位），或是比較可信單位的資訊為優先選擇喔！

最後，自己試著練習回答一開始的問題，也可以做成報告講給大家聽，就可以確定你是不是已經有成為紋白蝶專家的能力了喔！